¿POR QUÉ CAMBIAN LAS ESTACIONES?

MARIE ROGERS

TRADUCIDO POR ESTHER SARFATTI

PowerKiDS
press™

New York

Published in 2021 by The Rosen Publishing Group, Inc.
29 East 21st Street, New York, NY 10010

First Edition

Translator: Esther Sarfatti
Editor, Spanish: Rossana Zúñiga
Editor: Amanda Vink
Book Design: Rachel Rising

Portions of this work were originally authored by Ryan Stark and published as *Why Do Seasons Change?* All new material in this edition authored by Marie Rogers.

Photo Credits: Cover, p. 1 LilKar/Shutterstock.com; pp. 4,6,8,10,12,14,16,18,20,22,23,24 (background) cluckva/Shutterstock.com; p.5 Volodymyr Burdiak/Shutterstock.com; p. 7 janez volmajer/Shutterstock.com; p. 9 Designua/Shutterstock.com; p. 11 zoommachine/Shutterstock.com; p. 13 Andramin/Shutterstock.com; p. 15 Smileus/Shutterstock.com; p. 17 Sergey Novikov/Shutterstock.com; p. 19 Omar Muneer/Shutterstock.com; p. 21 Triff/Shutterstock.com; p. 22 Jenny Sturm/Shutterstock.com.

Library of Congress Cataloging-in-Publication Data

Names: Rogers, Marie, 1990- author.
Title: ¿Por qué cambian las estaciones? / Marie Rogers.
Description: New York : PowerKids Press, [2021] | Series: El máximo secreto de la naturaleza
  | Includes index.
Identifiers: LCCN 2019049449 | ISBN 9781725320604 (paperback) | ISBN
  9781725320628 (library binding) | ISBN 9781725320611 (6 pack)
Subjects: LCSH: Seasons–Juvenile literature.
Classification: LCC QB637.4 .R64 2021 | DDC 508.2–dc23
LC record available at https://lccn.loc.gov/2019049449

Manufactured in the United States of America

Some of the images in this book illustrate individuals who are models. The depictions do not imply actual situations or events.

CPSIA Compliance Information: Batch #CSPK20. For Further Information contact Rosen Publishing, New York, New York at 1-800-237-9932.

CONTENIDO

Las cuatro estaciones

Las cuatro estaciones de la Tierra son primavera, verano, otoño e invierno. Pero las estaciones no ocurren de la misma manera en todo el mundo. En algunos lugares, las **temperaturas** cambian a lo largo del año. En otras partes del mundo, no cambian.

5

El movimiento de la Tierra

¿Por qué la Tierra tiene estaciones? Tal vez ya sepas que la Tierra orbita, es decir, hace círculos alrededor del Sol. La Tierra también gira. Un giro completo es un día. ¿Pero sabías que la Tierra no está **recta** sobre su eje? ¡Está inclinada!

La inclinación de la Tierra

¡El **eje** de la Tierra está inclinado o ladeado! La inclinación hace que una parte de la Tierra mire hacia el Sol, mientras la otra parte mira en dirección opuesta. La Tierra no siempre tuvo esta inclinación. Hace mucho tiempo, algo muy grande chocó contra el planeta y cambió su **equilibrio**.

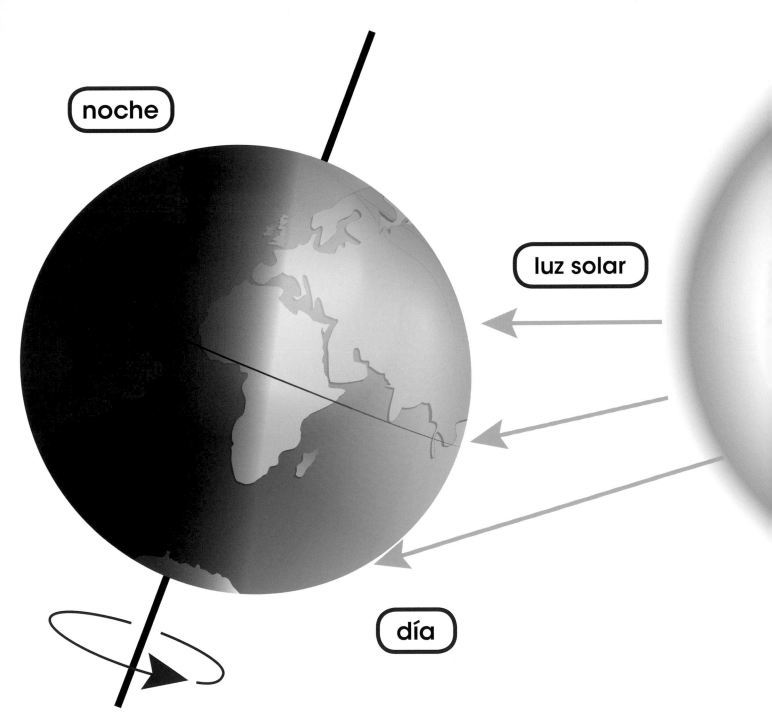

noche

luz solar

día

9

El ecuador

El ecuador es una línea imaginaria dibujada alrededor del centro de la Tierra, en su zona más ancha. **Divide** el mundo en dos mitades. El ecuador recibe más o menos la misma cantidad de luz solar cada día. Por esta razón siempre hace calor allí.

La órbita de la Tierra

La Tierra tarda un año completo en hacer una órbita alrededor del Sol. Durante ese tiempo, las estaciones cambian, según dónde esté ubicada la Tierra. Cada estación tiene cosas que las hacen especiales.

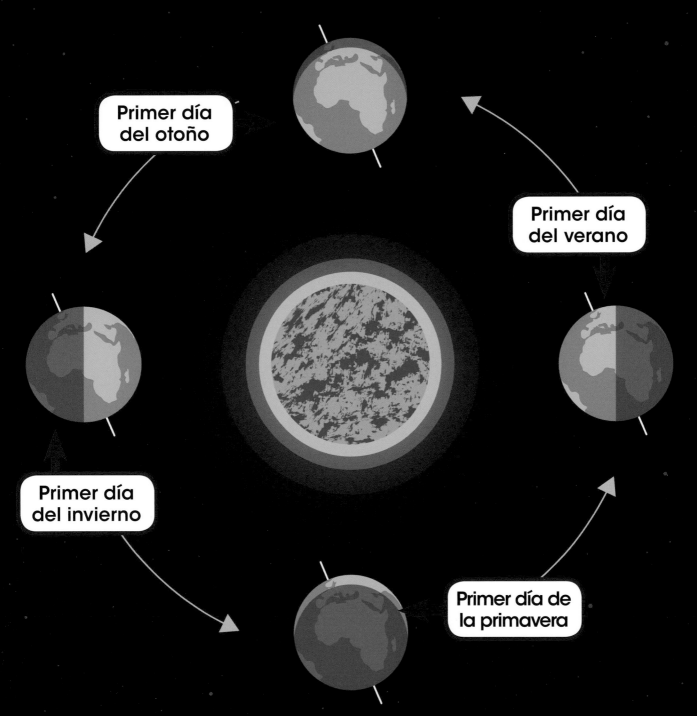

Primavera

A medida que una parte de la Tierra comienza a inclinarse hacia el Sol, ¡la primavera llega a ese lugar! La primavera es linda porque las plantas empiezan a crecer y tenemos más luz del día. El clima también se vuelve más cálido cada día.

Verano

El verano llega cuando esa parte de la Tierra está completamente inclinada hacia el Sol. ¡El verano puede ser muy caluroso! Los días se hacen más largos y tenemos más horas de sol. ¡El verano suele ser un tiempo perfecto para jugar afuera!

Otoño

El verano llega a su fin cuando una parte de la Tierra comienza a alejarse del Sol. Entonces llega el otoño y los días se hacen más cortos. El tiempo **refresca**. Las hojas cambian de color, se vuelven rojas, naranjas y amarillas. Después, las hojas comienzan a caer de los árboles.

Invierno

En invierno tenemos menos luz solar que en otras estaciones. Esto sucede porque esa parte de la Tierra se ha alejado del Sol. Los días son fríos y cortos, y las noches son largas. ¡En algunos lugares también hay nieve!

¡Otra vez!

Una vez que termina el invierno, ¡llega la primavera de nuevo! Las estaciones cambian en el mismo orden mientras la Tierra orbita el Sol. Otra vez habrá primavera, verano, otoño e invierno. ¿Cuál es tu estación favorita?

GLOSARIO

dividir: partir o romper en trozos.

eje: línea recta imaginaria alrededor de la cual algo (como la Tierra) gira.

equilibrio: estado en el cual las cosas ocurren en cantidades iguales.

recto/a: que no tiene curvas ni ángulos.

refrescar: hacer menos calor.

temperatura: algo que mide lo frío o caliente que está algo.

ÍNDICE

SITIOS DE INTERNET

Debido a la naturaleza cambiante de los enlaces de Internet, PowerKids Press ha elaborado una lista de sitios de Internet relacionados con el tema de este libro. Este sitio se actualiza de forma regular. Por favor, utiliza este enlace para acceder a la lista: www.powerkidslinks.com/tsn/seasons